Naturkerlchen Herbst & Winter

Früchte und Beeren in allen Farbschattierungen, leuchtende Blätter, Zapfen, Nüsse, Kapseln und mehr – der Herbst ist reich an Materialien, mit denen sich die netten Naturkerlchen basteln lassen. Genießen Sie den goldenen Herbst bei einem langen Spaziergang und tragen Sie dabei einige Fundstücke der Natur zusammen! Mit einigen Zusatzmaterialien im Naturlook wie Naturpapier, Korken, Tontöpfen und Holz entstehen daraus die originellsten Kerlchen. Legen Sie sich am besten auch einen Vorrat an Naturmaterialien für den Winter an, und lassen Sie in der kargen Jahreszeit die prächtige Natur beim Basteln wieder aufleben.

Ihre

Pia Pedevilla

IHRE GRUNDAUSSTATTUNG

Diese Materialien und Werkzeuge werden häufig verwendet. Sie sollten sie zur Hand haben, denn sie werden in den Materiallisten nicht gesondert aufgeführt.

- Transparentpapier
- dünne Pappe
- wasserfeste dünne Filzstifte in Rot und Schwarz (für Augen, Münder und Nasen)
- Lackstift in Weiß (für Lichtpunkte)
- Buntstift in Weiß
- Kugelschreiber
- weicher Bleistift
- Radiergummi
- UHU Alleskleber Kraft, Klebestift, Heißklebepistole, Holzleim
- mittelgroße, spitze Schere
- Zackenschere, Nagelschere
- Cutter mit geeigneter Schneideunterlage
- verschiedene Pinsel
- Wasserglas, Plastikteller
- Nadel und Faden
- Prickelnadel
- Schaschlikstäbchen
- Zahnstocher

Hinweis: Mit „Rest" ist immer ein Stück gemeint, das maximal A5 groß ist.

Materialkunde

Viele Gegenstände und Motive aus diesem Buch wurden mit Material gefertigt, das aus der Natur kommt: verschiedene Blätter und Zapfen, Äste, Zweige, Beeren und Früchte, Kastanien und Nüsse, Körner, Samen, Mohnkapseln, Zier- und Speisekürbisse, Naturfasern – kurzum alles, was den Herbst so reich und bunt macht.
Die natürlichen Materialien sind teilweise auch schon im Fachhandel erhältlich und sie lassen sich hervorragend mit Naturpapieren, Tonkarton, Wellpappe, bunten Bastfäden, Federn, Holzperlen etc. kombinieren.

Hinweis: **Da Fundstücke aus der Natur nie ganz gleich aussehen, können Ihre gebastelten Figuren etwas anders ausfallen. Die Motivhöhen können variieren und somit stimmen auch die Angaben auf den Vorlagenbogen nicht genau überein. Passen Sie die Vorlage mit einem Fotokopierer entsprechend an!**

Schritt für Schritt erklärt

1 Das Transparentpapier auf das gewünschte Motiv auf dem Vorlagenbogen legen und alle Motivteile ohne Überschneidungen übertragen oder die gewünschte Vorlage kopieren. Die Vorlagen auf dünnen Karton kleben und exakt ausschneiden – fertig sind die Schablonen.

2 Die Schablonen auf Filz oder Fotokarton in der gewünschten Farbe auflegen, mit Bleistift umfahren – auf Filz und Sperrholz mit Kugelschreiber, auf schwarzen Karton mit einem weißen Buntstift – und die Teile ausschneiden. Die einzelnen Teile mithilfe des Vorlagenbogens positionieren und zusammenkleben.

3 Die Gesichtslinien übertragen. Dafür die Vorlage auf Transparentpapier zeichnen, das Blatt wenden, die Linien mit einem weichen Blei- oder Buntstift nachziehen und diese Seite auflegen. Mit einem Stift alle Linien noch einmal nachzeichnen, so wird die Blei- oder Buntstiftlinie übertragen.
Die Augen und Nasen der Figuren sind häufig aufgemalt. Dünne Linien zieht man am einfachsten mit feinen wasserfesten Filzstiften oder malt sie mit Acrylfarbe und einem feinen Pinsel auf. Augenpunkte können mit der Pinselrückseite aufgetupft werden. Die Nasen aufmalen oder halbierte Holzperlen, Plüschpompons, Wattekugeln oder Beeren und Früchte aufkleben.
Die Wangen werden mit Buntstift gemalt. Dafür mit einem Messer Farbe von der Buntstiftspitze abschaben und mit dem Zeigefinger verreiben.

1

2

3

Wichtiger Hinweis: **Damit die unterschiedlichen Materialien gut aneinander haften, muss ein starker Klebstoff verwendet werden, am besten Heißkleber. Dieser gehört aber nicht in Kinderhände! Auch mit dem Cutter sollten Kinder nicht alleine arbeiten.**

Vogelscheuche und Rabe

→ niedliche Herbstboten

Rabe

1 Tontopf und Holzkugel mithilfe der Sisalkordel und Heißkleber verbinden. Alles schwarz anmalen.

2 Seitlich die Federn ankleben, die Holzperlen auf den Wollfaden fädeln, die Enden gut verknoten und die Beine im Topfinneren fixieren. Strohhut, Filzschnabel und die Wackelaugen aufsetzen.

3 Der Rabe wird mit der Vogelscheuche zusammen auf die Schaukel geklebt.

Vogelscheuche

1 Den Topf und die Sisalkordelstücke laut Abbildung bemalen.

2 Den Kochlöffelstiel auf ca. 10 cm kürzen. Das Gesicht gestalten (siehe Seite 3). Für die Haare einige Bastfäden in der Mitte bündeln, auf den Kopf kleben und darüber den Strohhut setzen. Den Kochlöffelstiel in die Topföffnung einstecken und innen festkleben. Wenn die Öffnung zu klein ist, kann sie mit der Scherenspitze etwas vergrößert werden.

3 Ein Ende des Armdrahtes in die Holzkugelöffnungen einkleben, das andere am Hals fixieren.

4 Die Beinstücke in den braun bemalten Holzfüßen fixieren und mit Blumendraht mehrere Bastfäden festbinden. Das Filzstück locker um die Beine legen, hinten zusammenkleben, jedes Hosenbein unten mit Bast zusammenbinden und das obere Ende im Topfinneren festkleben.

5 Die Karobänder als Hosenträger auf den Tontopf kleben und die Holzknöpfe aufsetzen. Durch diese vorher Paketschnur ziehen und verknoten. Den Schal umbinden.

6 Die meisten Ähren mit Heißkleber auf das Kartonstück kleben und die Kordel für die Schaukel beidseitig durch die eingestochenen Löcher führen und oberhalb zusammenbinden. Die Vogelscheuche auf die Schaukel kleben und ihr die restlichen Ähren in die Hand geben. Die schaukelnde Figur am besten gegen eine Wand oder ein Fenster lehnen, damit sie nicht abkippen kann.

MOTIVHÖHE
ca. 30 cm

MATERIAL
RABE
- Tontopf, ø 4 cm
- durchbohrte Rohholzkugel, ø 3,5 cm
- 2 Holzperlen in Gelb, ø 1 cm
- Acrylfarbe in Schwarz
- 2 Wackelaugen, ø 6 mm
- Filzreste in Gelb und Rot
- Strohhut, ø 6,5 cm
- 2 Federn in Schwarz
- Wolle in Gelb, 12 cm lang
- Sisaldrahtkordel in Natur, ø 6 mm, 3 cm lang

VOGELSCHEUCHE
- Tontopf, ø 9 cm
- Holzkochlöffel mit runder Kelle, ø 5,5 cm, 32 cm lang
- 2 durchbohrte Rohholzkugeln, ø 3 cm
- 2 Holzknöpfe, ø 2 cm

- 2 Holz-Clownfüße, 2,8 cm x 4,8 cm
- Filz in Hellgrün und Rot, A4
- Acrylfarbe in Blau, Hellgrün und Braun
- Sisaldrahtkordel in Natur, ø 6 mm, 2 x 17 cm lang
- Schleifenband in Blau-Weiß kariert, 1 cm breit, 2 x 20 cm lang
- Bast in Natur
- Strohhut, ø 8,5 cm
- Karton, 3 mm stark, 5 cm x 19 cm
- Kordel in Blau, ø 3 mm, 1 m lang
- diverse Getreideähren
- dünner Blumendraht
- Holzsäge
- Paketschnur

VORLAGENBOGEN 1A

Waldwichtel

→ beim Turnen

MOTIVHÖHE
ca. 16 cm

MATERIAL PRO WICHTEL

- Toilettenpapierrolle
- Fotokartonrest in Hautfarbe
- Filzrest in Rot
- Maulbeerpapier in Rot, A5
- Kordel in Rot, ø 2 mm, 2 x 10 cm und 2 x 5 cm lang
- Wolle in Weiß
- ½ Holzperle in Rot, ø 8 mm
- 2 durchbohrte Rohholzkugeln, ø 1 cm
- Holzknopf in Natur, ø 2 cm
- Paketschnur, 7 cm (Knopf) und 15 cm lang (Mütze)
- kurzer Ast
- Nylonfaden

VORLAGEN-BOGEN 1A

1 Die Toilettenpapierrolle mit rotem Maulbeerpapier ummanteln, die Kordelstücke für Arme und Beine innen einkleben und Kartonhändchen und Filzstiefelchen daran befestigen.

2 Die Paketschnur in das Knopfloch einbinden und den Knopf aufkleben.

3 Am oberen Toilettenpapierrand entlang innen Heißkleber auftragen, die Rolle zusammendrücken und etwas festhalten, bis der Klebstoff hält.

4 Den Gesichtkreis auf Fotokarton zeichnen und bis zur Hälfte am Rand entlang im Abstand von ca. 5 mm mit einer Prickelnadel auf einer weichen Unterlage Löcher einstechen. Dann das Köpfchen ausschneiden und das Gesicht gestalten (siehe Seite 3). Als Nase eine halbierte Holzperle aufsetzen und als Bart weiße Wollfäden (ca. 8 cm lang) in die Löcher einknüpfen und zurechtschneiden.

5 Das Filzstück für die Mütze auf das Gesicht kleben, die Ränder hinten mit Klebstoff schließen und die Mütze mit Paketschnur zubinden. An den Schnurenden zwei Holzkugeln anknoten.

6 Die Hände des Wichtels an ein kurzes Ästchen kleben und dieses mit Nylonfaden aufhängen.

Tipp: **Stiefel und Hände können doppelt gearbeitet und die Kordel dann dazwischen eingeklebt werden.**

Eule

→ ganz natürlich

MOTIVHÖHE
ca. 11 cm

MATERIAL
- Toilettenpapierrolle
- Kokosfaserpapier in Natur, A5
- Formfilzreste in Gelb und Orange
- Wellpapperest in Natur
- 2 Perlhuhnfedern
- 2 Wacholderbeeren
- Getreidekörner
- kurze Äste
- Paketschnur, 20 cm lang

VORLAGEN-BOGEN 1A

1 Die Toilettenpapierrolle mit Kokospapier umkleben, dabei den oberen Rand des Papiers nicht schneiden, sondern reißen und etwas ausfransen. Die Rolle am oberen Rand mit Heißkleber zusammenkleben, dabei die doppelte Paketschnur einlegen und so lange zusammenhalten, bis der Klebstoff getrocknet ist.

2 Die beiden Kreise aus Formfilz ringsum mit Klebstoff bestreichen und die Körner kreisförmig auflegen. In die Mitte die Wacholderbeeren kleben. Den Schnabel, die beiden Federn als Ohren und darüber die gefertigten Augen fixieren.

3 Die Wellpappestreifen als Füße um einige Ästchen kleben und diese so an der Eule fixieren, dass sie darauf zu sitzen scheint.

Igelkette

→ schöner Fensterschmuck

MOTIV-HÖHE
nach Belieben

MATERIAL
- lufttrocknende Modelliermasse in Terrakotta
- Acrylfarbe in Rot
- dünne Paketschnur, 2 x 10 cm (Beine) und 1 x ca. 50 cm lang
- Blätter und Früchte, Kürbiskerne, Holzstücke, Ästchen, Hagebutten, Wacholder- und Vogelbeeren, Physalislaterne
- Nudelholz
- Stopfnadel

VORLAGENBOGEN 1B

1 Die Modelliermasse mit dem Nudelholz ca. 6 mm dick ausrollen, die Schablone auflegen und die Igelform ausschneiden. Die Löcher, die das Gesichtchen abgrenzen, mit einer Prickelnadel stechen, ebenso die Aufhängelöcher (diese noch etwas erweitern).

2 Die Schablone abnehmen und mit einer spitzen Schere die Stacheln eindellen. In die noch feuchte Masse eine Wacholderbeere als Auge eindrücken und dann alles trocknen lassen.

3 Aus Modelliermasse fünf Kügelchen formen und in vier mit einem Zahnstocher Löcher einstechen, das werden die Füße. Die andere Kugel für die Nase etwas flach drücken. Die Kugeln trocknen lassen.

4 Die Nase aufkleben und bemalen und die Mundlinie zeichnen.

5 Den Faden oben und unten durch den Igelkörper ziehen und nach Belieben Naturmaterialien auffädeln. Unten mit einem eingebundenen Vogelbeersträußchen, oben mit einer Physalislaterne enden.

6 Die Bindfadenbeine durch die gestochenen Löcher im Igelkörper führen, die Fußkugeln auffädeln und die Fadenenden verknoten.

Tipp: Zwischen die einzelnen Naturmaterialien können auch Modelliermassekugeln gefädelt werden. Dann einfach einige extra formen (siehe Schritt 3).

Kürbistiere

→ Igel und Uhu ganz herbstlich

MOTIVGRÖSSE
Uhu ca. 20 cm hoch
Igel ca. 10 cm lang

MATERIAL
UHU
- Kürbis, ca. 20 cm hoch
- 2 Wattekugeln, ø 2 cm
- Acrylfarbe in Schwarz
- 2 getrocknete Orangenscheiben
- 2 kleine Zapfen
- Blatt

IGEL
- Kürbis, ca. 15 cm lang
- 2 Wattekugeln, ø 1 cm
- Acrylfarbe in Schwarz
- Hagebutte
- dünne Äste

Uhu

1 Je einen Zahnstocher in die Wattekugeln stecken und diese schwarz bemalen. Die Wattekugeln zusammen mit Orangenscheiben als Augen in den Kürbis stecken. Dazu eventuell zuerst mit einer spitzen Schere ein Loch stechen und den Zahnstocher mit etwas aufgetragenem Klebstoff fixieren. Weiße Lichtpunkte aufsetzen.

2 Zwei kleine Zapfen mit Holzleim oder Heißkleber als Ohren anbringen und das Blatt als Schnabel mit Alleskleber aufkleben.

Igel

1 Mit einer spitzen Nagelschere Löcher in den Kürbis stechen und mit Holzleim bestrichene Ästchen einkleben.

2 Die schwarz bemalten Wattekugeln als Augen aufkleben und einen Lichtpunkt hineinsetzen. Die Hagebutte als Nase fixieren und den Mund mit Filzstift zeichnen.

Kürbishexe

→ ganz lieb

MOTIV-HÖHE
ca. 25 cm

MATERIAL
- 2 Kürbisse, ca. 12 cm und 8 cm hoch
- Filz in Schwarz, A4
- Filzrest in Hellgrün
- Bast in Orange
- 2 Wattekugeln, ø 1,5 cm
- Reisigbesen, 15 cm lang

VOR-LAGEN-BOGEN 1B

1 Die beiden Kürbisse mithilfe des eingestochenen Schaschlikstäbchens verbinden, die Wattekugelaugen mit schwarzen Pupillen ankleben und die Basthaare fixieren.

2 Die Hutkrempe auf die Haare kleben, den Kegelansatz darauf setzen und den Kegel einrollen. Das Ende verkleben.

3 Die Schalenden fransig schneiden, einen hellgrünen Flicken aufsetzen, die Nähte mit Filzstift aufmalen und den Schal um den Hals binden.

4 Zur Hexe einen kleinen Reisigbesen dekorieren. Dieser kann auch aus einigen dünnen Ästchen gefertigt werden, die mit Blumendraht um ein Schaschlikstäbchen gebunden werden.

Erdnusskerlchen

→ Winzlinge ganz groß

Fliegende Hexe

1 Das Gesicht auf die Holzkugel zeichnen, die Haare aus Märchenwolle aufkleben und darüber den schwarzen Filzhut setzen. Dafür den Filzhalbkreis einrollen und zusammenkleben. Den Aufhängefaden an die Spitze nähen.

2 In die Erdnuss ein Loch einstechen und einen Zahnstocher einkleben. Das andere Stäbchenende im Bohrloch des Kopfes fixieren.

3 Die Erdnuss mit den Flicken bemalen und nach dem Trocknen Mantel und Filzschal umkleben.

4 Die Arme aus Chenilledraht seitlich fixieren und den Besen ankleben. Für den Besen einige Bastfäden mit Blumendraht an einen Zahnstocher binden.

Fingerpuppen

Für die Fingerpuppen die Erdnuss mit einer Nagelschere laut Abbildung aufschneiden und die Frucht vorsichtig entfernen.

Hinweis: **Testen Sie vor dem Gestalten der Erdnuss, ob sie auch auf die Finger Ihres Kindes passt.**

Rabe

Die Erdnuss schwarz anmalen und nach dem Trocknen den Schnabel aufmalen. Die Wackelaugen und die Feder aufkleben. Für die Füße die Holzperle halbieren.

Eule

Das Gesicht mit Acrylfarbe gestalten und die Getreidekörner als Ohren fixieren. Für die Füße die Holzperle halbieren.

Fledermaus

Als Ohren die Gewürznelken auf die Erdnuss kleben und diese rot, die restliche Figur schwarz bemalen, die Nase nach dem Trocknen malen. Die Wackelaugen aufkleben und die Flügel aus Fotokarton an der Rückseite fixieren. Die Flügelstriche vorher mit Buntstift aufmalen.

Gespenst

Die Gewürznelke aufkleben und alles weiß bemalen. Die Wackelaugen aufsetzen und das Gesicht aufmalen. Die Wangen mit Buntstift röten.

Tipp: **Mit diesen Figuren lassen sich gruselige Geschichten erzählen.**

MOTIVHÖHE
Hexe ca. 8 cm

Fingerpuppen ca. 4 cm

MATERIAL FLIEGENDE HEXE
- Erdnuss
- durchbohrte Rohholzkugel, ø 1,8 cm
- Filzreste in Schwarz, Violett und Hellgrün
- Acrylfarbe in Grün
- Chenilledraht in Violett, 2 x 2 cm lang
- Märchenwolle in Gelb
- Bast in Hellbraun
- Blumendraht in Braun, ø 0,5 mm, 3 cm lang

RABE
- Erdnuss
- Feder in Schwarz
- Acrylfarbe in Schwarz und Gelb
- 2 Wackelaugen, ø 5 mm
- Holzperle in Gelb, ø 6 mm

EULE
- Erdnuss
- 2 Gerstenkörner
- Holzperle in Gelb, ø 6 mm
- Acrylfarbe in Weiß, Schwarz, Gelb und Rot

FLEDERMAUS
- Erdnuss
- Acrylfarbe in Schwarz und Rot
- Fotokartonrest in Schwarz
- 2 Gewürznelken
- 2 Wackelaugen, ø 5 mm
- Buntstift in Weiß

GESPENST
- Erdnuss
- Gewürznelke
- Acrylfarbe in Weiß und Rot
- 2 Wackelaugen, ø 3 mm

VORLAGENBOGEN 1B

Fruchtiger Herbstkranz

→ herbstliches Willkommen

MOTIVHÖHE
ca. 36 cm

MATERIAL KRANZ

- Rebenkranz, ø 30 cm
- Vogelbeeren, Hagebutten, Zweige mit herbstlichen Beeren und Efeuranke
- Kordel in Rot, ø 3 mm, 1 m lang

MÄDCHEN

- Moonrockpapier in Gelb, A4
- Maulbeerpapierreste in Hellbraun, Schwarz und Blau
- Fotokartonreste in Hautfarbe und Weiß
- Filzrest in Hellgrün
- Papierdraht in Natur, 2 x 10 cm lang und Rot, 20 cm lang
- Henkelkorb in Natur, ø 3,5 cm
- Beere und Blätter

VORLAGEN-BOGEN 1B

Kranz

Mit Heißkleber die verschiedenen Beerensträußchen und die Efeuranke auf den Rebenkranz kleben. Das Mittelstück unten frei lassen, dort sitzt das Herbstkind.

Mädchen

1 Den Kopf ausschneiden, das Haarteil aufkleben und das Gesicht gestalten. Die Filzstücke mittig abbinden und als Zopfhalter aufkleben.

2 Das Kleidchen an den gestrichelten Linien entlang knicken, das Köpfchen aufkleben und den Kragen und die rote Schleife aufsetzen. Die Bandenden mithilfe eines Schaschlikstäbchens locken.

3 Den Beinen mit Filzstift die roten Streifen aufmalen und sie hinter die Schuhe kleben. Die Schleifen auf den Schuhen anbringen und die Beine hinter dem Kleid fixieren. Ein Bein über das andere legen und aufeinander kleben.

4 Die Hände festkleben und das Mädchen mit Heißkleber mit der „Sitzfläche“ auf dem Kranz fixieren. Einen mit Naturmaterialien gefüllten Korb dazukleben. Den Kranz mit einem Band aufhängen.

Waldlinge

→ zarte Wesen aus Nüssen

MOTIVHÖHE

Vogel ca. 4 cm

Fee ca. 9 cm

MATERIAL VOGEL

- Kastanie
- Haselnuss
- Filzrest in Gelb
- Perlhuhnfeder
- passender Ast

FEE

- Kastanie
- Mohnkapsel mit Stiel, ø 2 cm
- 2 Lindenblütensamen
- Acrylfarbe in Hautfarbe, Rosa und Hellgrün
- Bast in Hellgrün
- Wellpapperest in Natur
- Nylonfaden

VORLAGENBOGEN 2A

Herbstfee

1 Mit einer spitzen kleinen Schere ein Loch in die Kastanie stechen und den Mohnkapselstiel einstecken und festkleben.

2 Die Kapsel hautfarben bemalen, die Krone hellgrün. Das Gesicht aufmalen und einige kurze grüne Bastfäden um den Hals knüpfen.

3 Die Lindenblütensamen als Flügel an der Rückseite und eingerollte schmale Wellpappestreifen als Arme und Beine ankleben. Damit sie sich einrollen, die Streifen mit waagrechtem Rillenverlauf eng um ein Stäbchen wickeln und kurz festhalten. Einen Aufhängefaden um die Mohnkrone binden.

Vogel

1 Die Haselnuss an die Kastanie kleben, so dass der spitze Teil der Nuss nach hinten schaut.

2 Den doppelten Filzschnabel anbringen, die Augen malen und das Federschwänzchen ankleben. Den Vogel auf dem Ast fixieren.

Korkenmännchen

→ witzige Kantenhocker

MOTIVHÖHE
ca. 9 cm

MATERIAL PRO MÄNNCHEN

- Korken, ø 2,4 cm, 4 cm hoch
- Eichel
- 4 durchbohrte Rohholzkugeln, ø 1 cm
- Acrylfarbe in Weiß, Hellgrün, Rot und Schwarz
- Paketschnur oder Papierdraht in Natur, ø 1 mm, 2 x 10 cm lang
- Filzrest in Hellgrün
- Plüschpompon in Rot, ø 7 mm
- 2 Wacholderbeeren

VORLAGENBOGEN 2A

1 Die Holzkugeln auf Arm- und Beinstück aufschieben, festkleben oder die Enden verknoten und am rot bemalten Korken fixieren. Bindfaden hängt durch, Papierdraht kann in Position gebogen werden. Zwei Wacholderbeeren als Knöpfe aufsetzen.

2 Die Filzschalenden fransig schneiden, mittig verknoten und auf den Korken kleben, darüber das Eichelköpfchen fixieren. Den Nasenpompon aufsetzen und die Gesichtslinien malen.

Vogelhaus

→ für draußen

MOTIVHÖHE
ca. 21 cm

MATERIAL VOGELHAUS

- Sperrholz, 1 cm stark, A4
- Sperrholzrest, 4 mm stark
- Acrylfarbe in Hellblau, Blau, Rot, Gelb, Orange, Weiß und Schwarz
- Strukturschnee
- Holzperlen in Orange, 1 x ø 1,4 cm und in Rot, 3 x ø 8 mm
- Blumendraht in Braun, ø 0,5 mm, 4 x 10 cm lang und ø 1 mm, 10 cm lang
- Aststück, Kolbenhirse
- dünne Paketschnur, 1 m lang
- Bohrer, ø 1 mm (Vogelfüße) und ø 2 mm (Aufhängelöcher)
- Schmirgelpapier
- Kohlepapier

ZUSÄTZLICH NOTIZZETTELHALTER

- Holzrad, ø 5,5 cm, 1 cm stark
- Holzwäscheklammer, 4,5 cm lang
- Rundholzstab, ø 4 mm, beliebig lang

VORLAGENBOGEN 2A

Vogelhaus

1 Die Motivteile mit Kohlepapier auf die Sperrholzplatte übertragen – Haus, Herz und Dach auf das stärkere; Vögel, Flügel und Schneeteile auf das dünnere Sperrholz – und aussägen. Alle Löcher wie auf dem Vorlagenbogen angegeben bohren und die Kanten glatt schmirgeln.

2 Mit stark verdünnter Acrylfarbe die Teile laut Abbildung bemalen, trocknen lassen, an den Rändern leicht abschmirgeln und danach mit Holzleim zusammenkleben. Dem Vogel am Vogelhaus ein kleines Holzstückchen unter den Schwanz kleben und ihn daran an das Vogelhaus kleben. Für die Schneeteile die Strukturschneepaste mit weißer Acrylfarbe mischen.

3 Die Vogelfüßchen aus dünnem Blumendrahtstück formen, den restlichen Draht ineinanderdrehen und mit Klebstoff in die eingebohrten Löcher einsetzen. Auch das rote Herz mittels Drahtstück so mit dem Haus verbinden.

4 Den Aufhängefaden einziehen, einen Knoten binden und bunte Holzkugeln sowie einen Zapfen und ein Aststück dazufädeln. Das Vogelhäuschen aufhängen. Den Meisenknödel und die Kolbenhirse befestigen.

Notizzettelhalter

1 Das Vögelchen wie oben beschrieben basteln.

2 Auf der Rückseite waagerecht die Holzwäscheklammer fixieren. Den Rundholzstab im Mittelloch des Holzrades fixieren und das andere Ende durch den Metallring der Wäscheklammer stecken und mit etwas Klebstoff fixieren (ggf. vorher etwas anspitzen).

Heilige Familie

→ für die Krippe

MOTIV-HÖHE
ca. 9 cm

MATERIAL
- 3 Erdnüsse
- Rohholzkugeln, 2 x ø 1,8 cm, 1 x ø 1,5 cm
- Filzreste in Weiß, Braun und Blau
- Papierdraht in Natur, ø 2 mm, 3 x 3 cm lang
- Märchenwolle in Hellbraun
- 4 Zündhölzer
- Acrylfarbe in Rosa
- ½ Walnussschale
- Stroh, Moos, kurzer Ast

VORLAGENBOGEN 2A

1 Maria und Josef wie auf Seite 21 („Alle Figuren") beschrieben basteln. Die Haare aus Märchenwolle aufkleben und einen Filzschal umbinden.

2 Den Rand der Nussschale mit Strohhalmen bekleben und diese zurechtschneiden. Dem Christkind die Haarlocken aus Papierdraht aufkleben – dazu die Papierdrahtteile zuerst eng um ein Stäbchen wickeln – und den Kopf direkt an die Erdnuss kleben. Diese mit weißem Filz umwickeln und in die Nussschale kleben.

Tipp: Die Figuren können in Moos dekoriert werden.

Weihnachts-kerlchen

→ klein und fein

MOTIVHÖHE
ca. 9 cm

MATERIAL PRO FIGUR
- Erdnuss (für Weihnachtsmann und Rentier 2 x)
- 2 Streichhölzer (für Rentier 4 x)
- durchbohrte Rohholzkugel, ø 18 cm (außer Rentier)

ENGEL
- Fotokartonrest in Gold
- 2 Mondviolenblätter
- Acrylfarbe in Rosa
- Goldglitter
- dünner Goldfaden, 1 x 20 cm, 15 x 4 cm lang

WEIHNACHTSMANN
- Acrylfarbe in Rot
- Chenilledraht in Weiß, 2 x 6 cm lang
- Plüschpompon in Weiß, ø 7 mm

RENTIER
- Acrylfarbe in Rot
- 2 dünne Zweige
- 2 Bucheckersamen

VORLAGENBOGEN 2A

Alle Figuren

1 Zum Fixieren des Kopfes mit einer Nagelschere ein Loch in den Erdnusskörper stechen. Die Holzkugel auf einen Zahnstocher kleben, kürzen und das andere Ende mit aufgetragenem Klebstoff in den Erdnusskörper stecken.

2 Auch die Öffnungen für Beine und Arme mit der spitzen Schere stechen und die gekürzten Zündhölzer mit Klebstoff dort einstecken.

3 Die Gesichter mit Filzstiften oder Acrylfarbe aufmalen.

Engel

1 Die Halskrause aus Goldpapier zwischen Kopf und Körper auf den Zahnstocher stecken. Die Goldfadenhaare (ca. 4 cm lang) mittig mit dem Aufhängefaden bündeln und aufkleben.

2 Die Blätter an der Rückseite als Flügel anbringen und den Engelskörper mit etwas Goldglitter bestreichen.

Weihnachtsmann

Den Kopf auf der rot bemalten Nuss fixieren und die rot bemalte Erdnusshälfte (mit einer Nagelschere durchschneiden)

WEITERFÜHRUNG

Weihnachtskerlchen

als Hut aufkleben. Schal und Mützenrand aus weißem Chenilledraht und den Pompon an der Mützenspitze fixieren.

Rentier

Zwei passende Erdnüsse mit einem Zahnstocher verbinden, die Bucheckersamen als Ohren und kleine Ästchen dahinter als Geweih fixieren.

Lebkuchenmännchen

→ zum Reinbeißen

MOTIVHÖHE
ca. 15 cm

MATERIAL PRO MÄNNCHEN

- lufttrocknende Modelliermasse in Terrakotta
- Papierdraht in Natur, ø 2 mm, 6 x 5 cm lang
- Acrylfarbe in Weiß und Rot
- Blumendraht in Braun, ø 0,5 mm, 1 m lang
- Nudelholz und Arbeitsunterlage

VORLAGENBOGEN 2A

1 Die Modelliermasse ca. 5 mm stark ausrollen und die Einzelteile ausschneiden. Die Schnittkanten abrunden und mit einem Zahnstocher alle Löcher einstechen. Für die Herzen, Sterne und das Schild die Modelliermasse etwas dünner, nur ca. 3 mm stark, auswellen. Die Kügelchen für die Füße formen und ebenso durchstechen. Alles trocknen lassen.

2 Die Einzelteile mit Blumendraht zusammenfügen, dabei die Beine etwas länger durchhängen lassen. Beim rechten Engel den Aufhängedraht durch das obere Loch im Körper ziehen, die beiden Drahtenden miteinander verdrehen und den Draht durch das durchstochene Köpfchen führen.

3 Die Englein laut Abbildung weiß bemalen und das rot bemalte Herz bzw. den Stern vorne aufkleben (zuerst weiß grundieren, dann leuchtet die rote Farbe schön). Die Gesichtslinien malen und die Locken aufkleben. Dafür den Papierdraht um ein Stäbchen wickeln.

4 Beim Engel mit Schild dieses mit einem Filzstift beschriften, das Drahtstück für die Aufhängung durchziehen, die beiden Drahtenden miteinander verdrehen und zwei Herzen mit anbringen. Den Engel an den Armen dazuhängen.

FROHES FEST

Weihnachtliches Türschild

→ Ho! Ho! Ho!

MOTIVHÖHE
ca. 30 cm

MATERIAL KRANZ

- fester Karton, 30 cm x 30 cm
- Acrylfarbe in Silber
- verschiedene kleine Zapfen, Erlenzapfen, Ilexzweige und Thujespitzen

WEIHNACHTSMANN

- Toilettenpapierrolle
- Maulbeerpapier in Rot, A5
- Fotokartonreste in Hautfarbe und Schwarz
- Plüschpompons in Rot, ø 1,5 cm und Weiß, ø 1 cm
- Chenilledraht in Rot, 2 x 7 cm und 2 x 4 cm lang und in Weiß, 12 cm (Mantel) und 6 cm lang (Mütze)
- Watte
- Packpapierrest
- dünne Paketschnur, 10 cm lang
- breiter Pinsel

VORLAGENBOGEN 1B+2B

Kranz

1 Den Kartonkreis ausschneiden und mit Heißkleber rundum Zapfen aufsetzen. Die Thujespitzen, kleinen Erlenzapfen und Ilexzweige in die Zwischenräume kleben.

2 Mit einem breiten Pinsel etwas Silberfarbe über den Kranz streichen.

Weihnachtsmann

1 Die Toilettenpapierrolle mit dem Naturpapier umkleben. Am oberen Rand innen Heißkleber auftragen, die Rolle zusammendrücken und etwas festhalten, bis der Klebstoff hält.

2 Den oberen Rand an den Seiten je ca. 1 cm tief einschneiden, die Chenilledrahtstücke für die Arme einschieben, im Inneren fixieren und den Rand abrunden (siehe Vorlage). Die Beinstücke einkleben und Hände und Stiefelchen ansetzen.

3 Das Gesicht gestalten und den Wattebart, den Nasenpompon und den Hut auf den Kopf kleben. Auch hinter dem Hut etwas Watte als Haare fixieren.

4 Den weißen Chenilledraht laut Abbildung ankleben und den Pompon an die Mützenspitze setzen.

5 Ein Säckchen aus Paketpapier oben mit Paketschnur zusammenschnüren und zwischen den Händen fixieren.

6 Den Weihnachtsmann in den Kranz hängen.

Zapfenmädchen

→ für den Weihnachtsbaum

MOTIVHÖHE
ca. 10 cm

MATERIAL PRO ENGEL

- durchbohrte Rohholzkugeln, 1 x ø 3 cm, 2 x ø 1 cm
- Zapfen, ø ca. 6 cm
- Papierdraht in Natur, ø 2 mm, 7 x 6 cm lang
- Paketschnur, 12 cm lang (Arme), 20 cm lang (Aufhängefaden)
- Bouilloneffektdraht in Gold, 20 cm lang
- Acrylfarbe in Gold
- getrocknete Orangenscheibe

VORLAGENBOGEN 2B

1 In das Loch der großen Holzkugel einen doppelten Aufhängefaden einkleben und die Locken aus Papierdraht über dem Köpfchen verteilen. Die Stücke zuerst eng um einen Schaschlikstab wickeln und dann etwas auseinanderziehen. Das Gesicht aufmalen.

2 Die Rohholzkugeln auf die Paketschnur auffädeln, die Enden verknoten und die Schnurarme auf den Zapfen kleben. Darüber eine getrocknete Orangenscheibe und darauf das fertige Köpfchen setzen.

3 Den Bouilloneffektdraht um den Hals wickeln und etwas auseinanderziehen. Zum Schluss etwas Goldfarbe auf die Zapfenspitzen auftragen.

Tipp: **Das niedliche Engelsköpfchen kann auch auf eine frische Orange oder einen Apfel gesteckt werden. Dafür einen Zahnstocher in die Rohholzkugelöffnung einkleben. Die Arme können zum Fixieren darum herum geschlungen werden. Mit einem umgebundenen Stück Goldborte als Schal sieht das Apfel- oder Orangenkind schön weihnachtlich aus.**

Rentier im Moosstern

→ Türschild

MOTIVHÖHE
ca. 35 cm

MATERIAL
- Moosstern, ø 35 cm
- Tontöpfe, 4 x ø 3 cm, 1 x ø 9 cm
- Kochlöffel mit ovaler Kelle, 5 cm breit, 24 cm lang
- Balsaholzrest, 2 mm stark
- 2 durchbohrte Rohholzkugeln, ø 1,4 cm
- Holzperle in Schwarz, ø 4 mm
- Holzknopf, ø 2,5 cm
- 6 Holzstreuteile, 2 cm hoch: Herz
- Metallglöckchen in Gold, ø 2,4 cm
- Strickschlauch in Rot-Weiß gemustert, 4 cm breit, 30 cm lang
- Naturkordel, ø 2 mm, 30 cm (Arme) und 50 cm lang (Beine)
- Acrylfarbe in Terrakotta, Rot und Weiß
- Strukturschnee
- 2 dünne Äste
- Mistel- und Berberitzenzweige

VORLAGENBOGEN 2B

1 Den Kochlöffel auf ca. 17 cm kürzen. Das Maulteil und die Ohren des Rentiers aus Balsaholz zuschneiden und die Ohren an der Rückseite des Kochlöffels, das Maul vorne aufkleben. Alles terrakottafarben bemalen. Die rot bemalte Nase und die schwarzen Holzperlenhälften als Augen (Holzperle dafür mit einem Messer durchschneiden) aufsetzen, die Mundlinie zeichnen und zwei kleine Äste mit etwas Klebstoff als Geweih an der Rückseite ankleben. Etwas Strukturschnee auftragen.

2 Strukturschnee mit weißer Acrylfarbe mischen und den großen Tontopf (außer den Rand) und zwei kleine Tontöpfe innen und den Rand außen damit bemalen. Am Rand des großen Topfes die Holzherzen aufkleben und den Holzknopf auf den Bauch setzen.

3 Den Kochlöffelstiel in die Öffnung des Tontopfes einstecken und etwa 1 cm Stiel als Hals hervorschauen lassen. Wenn die Tontopföffnung zu eng ist, kann sie mit einer Schere etwas vergrößert werden.

4 Für die Arme je einen kleinen bemalten Tontopf auf die kurze Naturkordel fädeln und deren Enden zu dicken Knoten binden. An einem Ende das Metallglöckchen dazubinden. Die Kordel um den Hals knüpfen und den bunten Schal umbinden.

5 Auf die Enden der längeren Kordel je eine rot bemalte Holzkugel und einen kleinen Tontopf fädeln und die Kordel darunter fest verknoten, damit die Tontöpfe nicht durchrutschen können. Die Beinchen im Körpertopfinneren mit Klebstoff fixieren.

6 Das Rentier mit Heißkleber auf eine Innenspitze des Sterns kleben und Berberitzen- und Mistelzweige darum herum fixieren. Das Rentier auch mit der Löffelunterseite am Moosstern festkleben, so dass es nicht herunterfallen kann.

Eichhörnchen & Schneemann

→ schöne Geschenkidee

MOTIVHÖHE
Eichhörnchen
ca. 9 cm
Schneemann
ca. 22 cm

MATERIAL EICHHÖRNCHEN

- Tontopf, ø 5 cm
- Holzei, ø 3 cm, 4,5 cm hoch
- 4 Rohholzkugeln, ø 1 cm
- Acrylfarbe in Terrakotta
- Filzrest in Hellgrün
- Chenilledraht in Rotbraun, 4 x 4 cm lang
- Plüschpompon in Schwarz, ø 7 mm
- Märchenwolle in Hellbraun
- Bucheckersamen und Eichel
- Bohrer, ø 3 mm

VORLAGENBOGEN 2B

Eichhörnchen

1 Den Tontopf, das Holzei und die Rohholzkugeln terrakottafarben bemalen, nach dem Trocknen die Filzkrause auf den Tontopf kleben und darüber das Holzei als Köpfchen setzen. Die Gesichtslinien malen, den Nasenpompon aufsetzen und die Bucheckersamen als Ohren ankleben.

2 Jeweils ein Ende der Chenilledrahtstücke für Arme und Beine in eine Rohholzkugel kleben. Die Arme am Tontopf fixieren, die Beinchen im Topfinneren. Die Eichel zwischen den Händchen fixieren.

3 Ein Bündel Märchenwolle zum buschigen Schwanz formen, im Topfinneren einkleben, zurechtbiegen und den eingerollten Teil mit etwas Klebstoff fixieren.

Schneemann

1 Alle drei Styroporkugeln und die Rindenscheibe mit einem Bohrer durchbohren. Den Strukturschnee mit weißer Acrylfarbe mischen und die Styroporkugeln und den Glockentopf damit bemalen.

2 Die große Styroporkugel als Köpfchen gestalten: Das kleine Holzstück als Nase und die schwarzen Holzkugeln als Augen aufkleben. Den Mund malen und die Wangen mit Buntstift röten. Einige Fichtenspitzen als Haare mit Heißkleber auf dem Kopf fixieren.

3 Den Bindfaden doppelt nehmen und einen Zapfen einbinden. Den Faden durch den Tontopf führen und durch das Köpfchen und zuletzt durch den Glockentopf ziehen. Den Faden unter der Topföffnung um ein quergelegtes Holzstäbchen knüpfen und zusätzlich mit Klebstoff

MATERIAL SCHNEEMANN

- Tontopf, ø 7 cm
- Glockentopf, ø 11 cm
- Styroporkugeln, 1 x ø 7 cm, 2 x ø 4 cm
- wasserfeste Acrylfarbe in Weiß und Rot
- Strukturschnee
- 2 Holzperlen in Schwarz, ø 6 mm
- Strickschlauch in Rot, 4 cm breit, 30 cm lang
- Henkelkorb, ø 6 cm
- dünner Blumendraht in Grün, 10 cm lang
- dünne Paketschnur, 1 m lang
- Holzstück, ø 1 cm, 2 cm lang
- Fichtenspitzen
- dünne Äste, 11 cm lang
- 2 kleine Zapfen
- Vogelbeeren
- Futtersamen und Meisenknödel
- Bohrer, ø 3 mm

WEITERFÜHRUNG

Schneemann

fixieren. Am Restfaden hängt ein Meisenknödel.

4 Die beiden kleineren Styroporkugeln mit Heißkleber seitlich so am Glockentopf ankleben, dass das Schaschlikstäbchen durchgestochen werden kann. An diesem mit Blumendraht mehrere dünne Ästchen festbinden. Das Henkelkörbchen mit Vogelfutter füllen und auf den Besenstiel aufschieben. Einen kleinen Zapfen an das Besenstielende kleben, so dass das Körbchen nicht herunterrutschen kann.

5 Zwei Erlenzapfen als Knöpfe auf den Glockentopf kleben, den Strickschal umbinden und ein Vogelbeersträußchen am Hut befestigen. Den Schneemann mit etwas Strukturschnee verzieren.

Die Autorin

Pia Pedevilla lebt in Bruneck (Südtirol). Sie studierte Kunst in Gröden und Werbegrafik in Urbino. Seit Jahren ist sie im Bereich der Illustration und des Designs für Kinder tätig, entwirft Holz- und Stoffspielzeug, didaktische Spiele für Kinder im Vorschulalter, Lichtobjekte und Teppiche. Viele Jahre hat sie an der Grundschule mit Kindern gebastelt und gemalt. Außerdem leitet sie Fortbildungskurse für Lehrer, interessierte Erwachsene und Kinder. Im frechverlag hat sie mehrere Bücher über verschiedene Arbeitstechniken veröffentlicht.

www.piapedevilla.com

DIESES BUCH ENTHÄLT 2 VORLAGENBOGEN

IMPRESSUM

FOTOS: frechverlag GmbH, 70499 Stuttgart; Fotostudio Ullrich & Co., Renningen
TEXT: Traudi Prenn
DRUCK: frechdruck GmbH, 70499 Stuttgart

Auflage: 5. 4. 3. 2. 1.
Jahr: 2008 2007 2006 2005 2004 [Letzte Zahlen maßgebend]

ISBN 3-7724-3281-6
Best.-Nr. 3281